"LA LUCE INTERIORE"
Attiva la tua grandezza
Di:
Alessio David Ricioppo Parra

Riguardo all'autore:

Alessio David Ricioppo Parra (nato il 21 settembre 1988 a Genova, doppia cittadinanza spagnola ed italiana) è uno yogi avanzato, che ha iniziato a praticare yoga all'età di 16 anni e che ama aiutare le persone ad essere più felici, crescere in una versione migliore di sè stessi e realizzare i propri sogni.

Sito web: theinteriorlight.wordpress.com
Business email: theinteriorlight@gmail.com

Questo libro è la traduzione ufficiale in italiano di "THE INTERIOR LIGHT" - Activate your greatness del medesimo autore.

RINGRAZIAMENTI

"Per prima cosa, vorrei ringraziare il mio meraviglioso papà per essere sempre presente per me e per avermi insegnato lo yoga. Vorrei anche ringraziare tutte le persone a me care – ognuno di voi è un vero regalo nella mia vita. Vorrei anche ringraziare le persone che erano a me care e con cui ho condiviso dei momenti stupendi, anche se non siamo più parte della vita uno dell'altro. Grazie ad ognuno di voi, ho imparato preziose lezioni di vita che mi hanno trasformato nella persona che sono oggi e sto continuamente migliorando in una versione migliore di me stesso"

SOMMARIO

1

INTRODUZIONE

Migliaia di anni fa, Lao Tzu disse saggiamente: *"Il cammino di mille miglia inizia con un singolo passo"*.
Il nostro viaggio insieme inizia qui, e il primo passo è raccontare a te, mio lettore, come è iniziato il mio interesse per lo yoga. Lo yoga è il più grande dono e la più autentica gioia della mia vita. C'è sempre stato un legame speciale tra noi due. Un giorno, quando ero un neonato (avevo solo 14 giorni) e iniziai a piangere, urlando in modo straziante, mio papà mi cantò il mantra "OM" e così dopo 5 minuti smisi di piangere e mi addormentai – questa fu la prima volta in cui ho percepito questo legame. Con il passare del tempo, ho iniziato a leggere dei libri di Yoga: mi è subito piaciuto e ho immediatamente iniziato a praticarlo. La mia prima lezione è stata quando avevo 16 anni e in molti anni di esperienza, lo yoga mi ha insegnato molte preziose lezioni di vita. Ma la cosa più importante, è che lo yoga mi ha insegnato ad amarmi e credere sempre in me stesso! Ecco perché amo lo yoga con tutto il mio cuore. Lo yoga era, è e sarà sempre una parte importante della mia vita. Il mio scopo nella vita è di aiutare le persone a crescere e raggiungere il proprio massimo potenziale. Questo libro ha lo scopo di condividere saggezza e positività in una varietà di argomenti, e aiutarvi, miei lettori, ad illuminare e migliorare la propria vita in molte aree diverse – ottenendo una migliore comprensione di sé stessi e della vita, incluso il campo del business e anche nelle relazioni personali. Non cercare la luce – diventa la luce. Una luce positiva per te stesso e per i tuoi cari.
E' ora di iniziare il nostro cammino passo passo.

LEGGE UNIVERSALE DELLA VITA – KARMA

Secondo vari modelli scientifici, l'Universo era un conglomerato caldo di energia fino a molti bilioni di anni fa, quando accade un evento noto come Big Bang. Le forze fondamentali della natura iniziarono a manifestarsi: elettromagnetismo, gravità, forza nucleare forte, forza nucleare debole. Nacque lo spazio-tempo, le particelle iniziarono a formarsi mentre l'universo iniziò il suo processo di espansione, le stelle e le galassie iniziarono a nascere nell'universo. Un giorno nel sistema planetario attorno alla stella nota come Sole, in questo pianeta, tutte le condizioni ideali per la nascita della vita si verificarono, iniziando con forme di vita a livello cellulare per passare a più complicate ed evolvere in continuazione.

Molte migliaia di anni fa, degli yogi scoprirono che ogni essere vivente è sotto l'effetto di una legge universale, denominata "Karma". Karma è una parola sanscrita, significa "azione". Il Karma regola il flusso della vita a livello energetico – con le proprie azioni karmiche, ognuno crea con le proprie mani tutte le proprie esperienze di vita – buone e cattive, piacevoli e spiacevoli. Ergo ogni persona scrive personalmente il proprio destino con i propri pensieri, parole ed azioni. Il Karma è pertanto considerabile all'equivalente spirituale della legge del moto di Newton: "C'è una reazione uguale e contraria per ogni azione". Se immetti energia positiva nell'universo, l'energia positiva ritornerà indietro a te. Se invece immetti negatività nei pensieri, parole ed azioni, quella energia negativa ritornerà a te. Il Karma è pertanto spesso frainteso e visto semplicemente come una forza punitiva – ma non è così che stanno le cose. Il Karma è presente solo per scopo educativo – per mostrare che un'azione dannosa è sbagliata, allo scopo di far imparare alle persone lezioni di vita e crescere spiritualmente come individui. Una persona soffrirà solo ed esclusivamente se crea personalmente le condizioni della sofferenza. Ci sono 12 legge conosciute del Karma.

Legge del Karma N° 1 – La Grande Legge
"Si raccoglie quello che si semina"
Questa è nota come Legge di Causa ed Effetto. Ogni volta che mettiamo in atto un'azione nell'universo, questa è quella che tornerà indietro a noi. I nostri pensieri ed azioni hanno conseguenze – positivi o negativi, che siano immediati o meno. Se vogliamo pace, amore, armonia, prosperità, ecc… allora dobbiamo essere pronti a comportarci pacificamente, armoniosamente, ecc… L'energia negativa mandata verso altre persone ritornerà indietro decuplicata per insegnare che un'azione dannosa è sbagliata.

Legge del Karma N°2 – Legge della Creazione
"Quello che abbiamo nella vita è ottenuto per via della partecipazione".
La vita non accade da sola, richiede la nostra partecipazione. Essendo noi stessi uno con l'universo, sia dentro che fuori, le nostre intenzioni determinano l'evoluzione dell'intera esistenza. La vita che vediamo attorno è stata creata in accordo con le intenzioni degli esseri viventi e quello che ci circonda, da' indicazioni

del nostro stato interiore. Pertanto siamo responsabili di creare un ambiente favorevole per la realizzazione dei nostri desideri, per cui bisogna essere e fare ciò che si vuole avere nella vita.

Legge del Karma N° 3 – Legge dell'Umiltà
"Il rifiuto di accettare come è la situazione attuale non cambierà la situazione attuale".
Bisogna prima accettare le circostanze attuali per cambiarle. La situazione che si rifiuterà di accettare continuerà a persistere. Se vediamo un nemico o una persona con un tratto caratteriale, che consideriamo negativo, non siamo concentrati su un livello più alto di esistenza. Concentrarsi sul negativo non cambia la situazione. Concentrandosi a fare dei cambi positivi nella propria vita, essa cambierà.

Legge del Karma 4 – Legge della Crescita.
"Le persone crescono insieme o da sole. La nostra crescita spirituale è sopra ogni circostanza".
Ovunque si va, eccoti lì. Per crescere, noi stessi dobbiamo cambiare – non le persone, posti e cose attorno a noi. L'unica cosa su cui abbiamo controllo è noi stessi. La successiva azione o inazione porterà risultati positivi o negativi nella nostra vita. Quando cambiamo chi e cosa vogliamo nel nostro cuore, le nostre vite cambieranno anche loro.

Legge del Karma N° 5 – Legge della Responsabilità
"Non sono chi pensi che io sia. Tu sei chi pensi che io sia. La nostra vita è affare nostro, non di qualcun altro."

Quando una turbolenza accade nella propria vita, spesso accade una tempesta interna. Riflettiamo quello che ci circonda, e quello che ci circonda ci riflette. Per questo motivo questa legge è nota con "Legge degli Specchi". Quando qualcuno evidenzia qualcosa in te (indipendentemente che sia un'etichetta positiva o negativa), significa che è in loro, e se tu vedi la stessa qualità in loro, è anche in te. Altrimenti non è in te, ma in loro. Questa è una potente verità, perché se qualcuno cerca di darti una cattiva etichetta e non sai perché pensano questo – realizzerai che non è in te, ma in loro – e non sentirai il bisogno di provare o convincerli diversamente, sapendo che semplicemente non possono vederlo. Se vogliamo cambiare le nostre vite, dobbiamo prenderci responsabilità di quello che è nelle nostre vite, cambiando il nostro umore e ambiente.

Legge del Karma   N° 6 – Legge della Comunicazione.
"Tutto è connesso – grande o piccolo. Passato, presente e futuro sono tutti connessi".
Anche se a un primo sguardo, qualcosa che facciamo può sembrare insignificante – in realtà il nostro passato, presente e futuro sono collegati. Pertanto, bisogna apportare delle modifiche nei passi del nostro viaggio nella vita se vogliamo qualcosa di diverso. Ogni passo porta al successivo e così via. Per completare un compito, prima bisogna fare il primo passo verso l'obiettivo. Ogni passo ha la stessa importanza – tutti sono necessari per il completamento del compito.

Legge del karma 7 – Legge della Concentrazione
"Non è possibile concentrarsi su due cose alla volta"
E' importante avere una mentalità "passo passo", concentrandosi sul passo del momento presente. Per quanto riguarda la nostra crescita spirituale, non possiamo avere pensieri od azioni negativi, in quanto tutta la nostra attenzione deve essere diretta verso raggiungere gli obiettivi.

Legge del Karma N° 8 – Legge del Dare e dell'Ospitalità
"Dimostrare quello che abbiamo imparato in pratica e il nostro spirito altruistico con le nostre intenzioni"
Quello che affermiamo essere vero, deve essere manifestato nelle nostre azioni. A volte nella propria vita si verrà chiamati a dimostrare in pratica la verità appresa. Lo spirito altruistico è una virtù solo se include qualcos'altro oltre che a noi stessi. Senza una natura altruista, la vera crescita spirituale è quasi impossibile.

Legge del Karma N° 9 – La Legge del "Qui ed Ora"
"Carpe Diem"
Non puoi ritornare indietro nel passato e cambiare quello che è accaduto. Guardare indietro con rimpianto e in avanti senza senso ci previene dall'essere pienamente presenti nell'unico momento che davvero conta – il "qui ed ora". Vecchi pensieri, mentalità e sogni ci prevengono dall'avere di nuovi, impedendoci di andare avanti e migliorarci.

Legge del Karma N° 10 – La legge del Cambiamento.

"Tutto accade per un motivo. La storia continuerà a ripetersi, finché non viene cambiata".

La storia si ripeterà fintanto che non impareremo le lezioni e ci impegneremo consapevolmente nel direzionare la nostra energia positiva per cambiare il nostro cammino.

Legge del Karma N° 11 – Legge della Pazienza e della Ricompensa

"Roma non è stata costruita in un giorno. La creazione di ogni cosa di valore richiede una mentalità paziente"

Persino il percorso più lungo inizia con un solo passo. Le ricompense di valore duraturo richiedono una mentalità paziente e duro lavoro. Fallisci solo se smetti di provare. Una gioia vera e duratura viene dal sapere cosa fare in aspettativa del premio che è ben guadagnato.

Legge del Karma N° 12 – La Legge del Significato e dell'Ispirazione

"Il miglior premio è quello che contribuisce al tutto".

Il valore di qualcosa è direttamente correlato all'energia e all'intenzione immessa dentro. Ogni contributo personale influisce anche sul tutto. Il risultato finale è di scarso valore se lascia un impatto minimo o nullo sul tutto oppure se lavora per sminuirlo.

Quello che pensiamo, diventiamo.

E' importante mantenere sempre un attitudine positiva.

Essere sempre grati, agire con amore, controllare le motivazioni, osservare la propria attitudine e perdonare. La positività è molto più forte della negatività, e bisogna sempre cercare il lato positivo di ogni situazione e quale lezione positiva imparare da essa. La negatività può solo colpirti se vibri alla sua stessa frequenza energetica, vibra di più rimanendo positivo e non creerai alcun tipo di karma negativo in questo modo. Inoltre agendo positivamente, ripulirai il karma negativo generato in passato – questo processo è noto come "pulizia karmica". Invece agendo negativamente e facendoti prendere dalla paura, non solo creerai del karma negativo ma modellerai anche l'ambiente con pensieri, modelli ed azioni che porteranno nella tua vita quello di cui ha paura. La paura è solo un'illusione – per cui affronta tutto e migliora. La vita è un eco - se agisci positivamente e ti concentri sul momento presente, la paura non può esistere. Questo detto, possiamo distinguere due tipi di karma – karma individuale e karma collettivo. La differenza è semplice. Il karma individuale è quello creato da un essere vivente, quello collettivo è la somma del karma generato da un gruppo di esseri viventi. E' interessante notare che il karma collettivo è alla base dei "cicli storici". Osservando la storia, è possibile notare come certi modelli nella società umana tendono a ripetersi.

Non è una coincidenza – in realtà è una espressione di karma collettivo generato da molte persone in un periodo prolungato, che si attiva periodicamente con le condizioni appropriate. Su una scala più larga, il karma collettivo di tutti gli esseri viventi influenza l'intero universo al punto di avere un effetto predominante di sfondo variabile. Il punto più basso è il "kali yuga", nel quale l'ignoranza e la violenza sono predominanti.

Con il miglioramento del karma globale, l'universo entra nel "dvapara yuga" (nel quale vi è una migliore comprensione da parte della media degli individui dello spazio), quindi si passa al "tetra yuga" (miglior comprensione da parte della media degli individui del tempo), e quindi tocca il picco nel "satya yuga" (effetto di sfondo più positivo in media, e miglior allineamento con la legge universale del karma) – per poi gradualmente ridursi un passo alla volta verso il kali ecc.. Attualmente, l'universo è in fase ascendente – il punto più basso del kali yuga è stato durante il Medioevo (epoca di estrema violenza ed ignoranza) e gradualmente siamo entrati qualche centinaio di anni fa in una fase ascendente di "dvapara yuga".

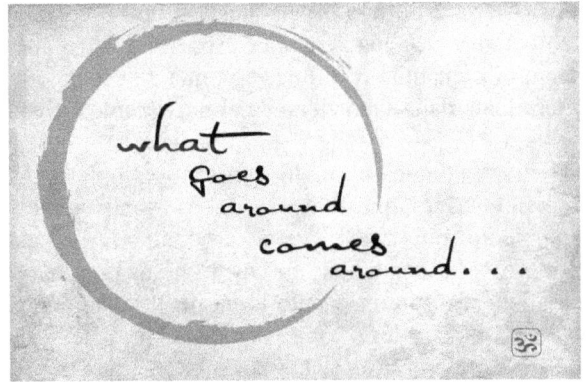

10

<u>YIN E YANG</u>

Osservando l'universo, si possono notare molte dualità: caldo e freddo, bagnato e asciutto, su e giù, ecc ...

E di solito tendono ad essere trattate da molte persone come forze opposte che non possono coesistere. Ma se guardi imparzialmente il contesto, noterai qualcosa di interessante. Prendiamo per esempio - "caldo" e "freddo". Nel primo caso, si potrebbe pensare a fiamme ardenti che bruciano un'area e riducono tutto ciò che trovano nel loro cammino in cenere. Nel secondo caso, si potrebbe pensare all'ambiente invernale della Siberia, con temperature estremamente basse, neve e vento gelido. A prima vista, non hanno nulla in comune. Tuttavia, guardando più in profondità, noterai qualcosa. Per definire un oggetto "caldo", deve esserci un concetto opposto polare - che in questo caso è "freddo". Inoltre i due oggetti devono poter essere confrontati utilizzando una scala relativa e in questo caso il fattore utilizzato per questo scopo è chiamato "temperatura". La temperatura è espressa da un numero legato alla quantità di calore, e la quantità di calore è determinata dalla vibrazione e dal movimento a livello atomico. "Freddo assoluto" è la condizione in cui tale vibrazione atomica e movimento sono completamente assenti. Quanto più alte sono le vibrazioni e il movimento più calore verrà prodotto e il "caldo assoluto" è la condizione in cui le vibrazioni sono al massimo possibile in quanto le particelle raggiungono la velocità della luce - ma per ora nessuna delle due condizioni estreme è stata replicata in laboratorio e pertanto sono classificate come puramente teoriche.

Ora prendiamo il nostro Sole ... Possiamo dire che il Sole può essere effettivamente sia "caldo" che "freddo". Il sole è "caldo" quando viene confrontato con un pianeta come la Terra; tuttavia ci sono stelle che possono produrre molto più calore del Sole stesso e in questo caso il Sole sarebbe classificato come "freddo" rispetto a loro. Questo è il concetto che viene espresso dal Yin Yang. Le dualità non sono opposti che non possono coesistere, ma sono un aspetto complementare dell'unità del tutto. In quanto tale, il simbolo del yin e yang è rappresentato da un cerchio composto da due lati: una metà è nera, una metà è bianca e in ognuno di essi c'è un punto dell'altro colore. È un potente promemoria che per ogni situazione della vita e ci sarà sempre un lato positivo e negativo - per cui dovresti sempre concentrarvi sulla parte positiva e quale è la lezione positiva che puoi imparare dalla situazione a portata di mano. Dopo tutto, l'amore e la positività sono le forze più potenti della connessione, della crescita spirituale e dell'espansione.

LA VITA E' UN VIAGGIO

In un contesto universale così affascinante, un giorno siamo nati. Ognuno di noi è un'espressione unica del tutto, con un potenziale illimitato. Gli antichi americani credevano che la Terra fosse la "madre" di tutti noi; quindi trattavano con grande rispetto il nostro pianeta e gli altri animali. E non rivendicarono alcuna proprietà sulla terra o sul mare, vedendosi come testimoni e di passaggio su questo pianeta. La vita è un viaggio e il viaggio di ogni persona è diverso. Le situazioni cambiano, la gente va e viene nella tua vita ed impari lezioni preziose. È il rifiuto di accettare il flusso del mondo che provoca miseria e sofferenza. In questo viaggio individuale ognuno di noi ha a disposizione due strumenti potenti: la mente e il corpo, due facce della stessa moneta. Cerca di osservare la differenza su come si respira quando ti senti nervoso/a e quando ti senti calmo/a. Nel primo caso ogni respiro sarà superficiale e veloce, nel secondo ogni respiro sarà più profondo e dura più a lungo. Ora, la prossima volta che ti senti nervoso/a, comincia a respirare più in profondità, con il tuo addome spingendolo verso l'esterno quando inspiri e spingendolo verso la tua spina dorsale mentre espiri - rendendo ogni respiro lungo. Fai così per un po 'di tempo e osserva come ti senti - gradualmente comincerai a sentirti più calmo - questa è la prova che la mente e il corpo sono correlati. La medicina orientale è ben consapevole di questo fatto e, a differenza della medicina occidentale, preferisce concentrarsi sulla ricerca della causa più profonda di una malattia. Ad esempio prendiamo la malattia nota come "gotta". Nella medicina occidentale, i medici di solito forniscono un farmaco contro le infiammazioniche è solo un sollievo temporaneo e il paziente ritornerà per più antinfiammatori in seguito. La medicina orientale affronterà invece il problema andando più in profondità, non solo dando un aiuto temporaneo, ma studiando la causa e suggerendo le possibilità per prevenire ulteriori problemi - e in questo caso si tratterebbe di alcuni cambiamenti nella dieta del paziente e di assicurarsi che il paziente beva più acqua, riducendo così il deposito delle sostanze che creano l'artrite infiammatoria. Lo Yoga è anche un potente strumento medico - c'è un libro brillante su questo argomento, "Yoga come medicina" di Timothy McCall. Ti suggerisco di leggerlo. Guardando ancor più profondamente, le malattie sono causate da disfunzioni nel sistema energetico vitale che causano a sua volta la formazione di blocchi energetici. Questi blocchi energetici possono influire direttamente sul corpo come nel caso di malattie legate allo stress (come mal di stomaco o mal di testa cronico) e / o causare un indebolimento del sistema immunitario che permette infine ai virus e ai batteri nocivi di infettare il corpo. In Oriente l'esistenza dell'energia vitale è nota da migliaia di anni ed è stata chiamata con diversi nomi - ki, prana, qi... Molte tecniche utili sono state create per correggere queste disfunzioni energetiche - come la pranoterapia / reiki, agopuntura ecc ... Nell'occidente Reich è stato in grado di estrapolare questa stessa energia vitale, chiamandola "orgone", anche creando oggetti che conducono il suo flusso in un modo simile alla "pranoterapia / reiki" e li utilizzo' per trattare i pazienti critici con eccezionali risultati documentati.

L'energia vitale non influenza solo la salute del corpo - c'è molto di più al riguardo. L'energia vitale ha due aspetti: uno è l'energia maschile, mentre l'altra è l'energia femminile. L'energia maschile è principalmente legata alla logica, rottura di barriere, azione, sopravvivenza. L'energia femminile è principalmente legata all'emozione, connessione, guarigione e nutrimento. Ognuno di noi ha interiormente entrambe le energie. Per natura la maggior parte delle persone sono più forti in una e più deboli nell'altra durante la loro vita. Gli uomini tendono ad essere più centrati nell'energia maschile, e le donne tendono ad essere più concentrate nell'energia femminile. Di conseguenza, le donne tendono ad essere guidate dalle emozioni e gli uomini tendono ad essere guidati dalla logica. Tutto ciò che una donna fa e dice è il risultato del suo stato emotivo nel momento presente, mentre gli uomini tendono ad essere più logici e concentrati sull'obiettivo della vita. Avendo realizzato e compreso questa verità, è possibile ottenere una comprensione reciproca, una comunicazione senza difficoltà e relazioni romantiche senza sforzo (in cui affinché esista una polarità sessuale un partner deve essere centrato sull'energia maschile e l'altra persona centrata sull'energia femminile – nelle relazioni eterosessuali questo è solitamente raggiunto da un uomo "maschile" che si accompagna con una donna "femminile"). È importante tenere presente che, mentre puoi rafforzare l'energia più debole con l'esempio di un'altra persona, non dovresti fare affidamento su un'altra persona sbilanciata per ripristinare l'energia personale attraverso i rapporti. Per essere una persona completa, devi padroneggiare a pieno l'energia con la quale hai maggiore affinità (normalmente per un uomo quella maschile e viceversa) e allo stesso tempo devi essere consapevole di entrambe le energie ed imparare ad usarle a seconda delle situazioni che si presenteranno. Un altro tratto comune degli esseri viventi è la libertà di essere sè stessi, che è un riflesso della libertà universale. Ogni persona è infastidita della potenziale perdita o della perdita effettiva della propria libertà ed è per questo che un comportamento ossessivo è un repellente naturale nei rapporti umani - interagendo con una persona ossessiva, si percepirà che la propria libertà è a rischio. Il vero amore è libertà. Devi amare in primo luogo te stesso e questo è il prerequisito per creare un grande stile di vita e soddisfacenti relazioni personali. Dopo tutto, tu sei la persona con la quale trascorrerai tutta la tua vita. Amare sè stessi significa non tollerare la presenza di persone negative nella propria vita, che creano in maniera costante drammi e cercano di sminuirti tutto il tempo. Dovresti sempre valutare le azioni delle altre persone - a coloro che ti apprezzano regalare il dono della tua presenza e a quelli che cercano di sminuirti e che non ti rispettano regalare il dono della tua assenza. Lo scopo della vita è godere di questo viaggio, rendendolo emotivamente allettante per te in ogni area e soddisfare il tuo profondo desiderio di grandezza e crescita personale. Non mettere le chiavi della tua felicità in tasca di qualcun altro, la felicità è uno stato interiore. Mi piace vedere la gente felice e avere successo.

SOCIETÀ E CONDIZIONAMENTO SOCIALE

In antichità, i primi umani cominciarono a riunirsi in tribù per facilitare la propria sopravvivenza e quindi nacquero i primi nuclei sociali. Nell'antichità gli uomini erano i guardiani che proteggevano le loro famiglie dall'essere divorate e catturate dalle tribù rivali. Gli uomini garantivano la sicurezza e la protezione delle loro famiglie. Essere una montagna significa essere un guardiano e un leader. Oggi, i nostri cari si affidano a noi uomini perché sanno che possiamo proteggerli dai pericoli e possiamo permettergli di essere vulnerabili emotivamente e fisicamente. Sanno che non saranno umiliati. Sanno che sono sempre protetti dai pericoli e dai guai. Essere una montagna significa fornire una vita in cui possono trovare amore, comprensione, sicurezza emotiva, sicurezza fisica ed accettazione - un vero uomo è un eroe per sè stesso e per i suoi cari. Con il passare del tempo i primi nuclei si sono evoluti: siamo passati dalle tribù di cacciatori nomadi a uno stile di vita più sedentario - con la creazione dei primi villaggi, introducendo i concetti di agricoltura; in seguito si è passato alla creazione di città, commercio, denaro, ecc ... e portando gradualmente la situazione alla nostra attuale struttura sociale. Il vero scopo della società attuale è individuabile in due componenti principali: il sistema capitalistico guidato dall'ego e la volontà del governatore delle comunità sociali al fine di controllare il gruppo locale di persone di un certo territorio di competenza. La società non è interessata a contribuire a sviluppare le caratteristiche uniche degli individui. I governanti delle comunità sociali preferiscono avere un gruppo di persone che non mettono in discussione la situazione attuale, che portino profitto capitalistico al sistema e a loro stessi, e che tutti pensino in un certo "modello" prestabilito, in quanto così sono facili da controllare e manipolare a piacimento. Una grande rappresentazione di questo meccanismo si trova nel libro "1984" scritto da Orwell. Coloro che non seguono il suddetto modello di "normalità" diventano quindi un pericolo per il sistema. Al fine di ridurre la potenziale nascita di liberi pensatori, le società cercano pertanto di fare il lavaggio del cervello, usando principalmente due strumenti: sistema educativo e i media. A partire dall'infanzia, la società cerca di impiantare delle idee su un certo modello di vita e di solito cercano di reprimere la creatività e il libero pensiero dell'individuo. Questo è per esempio il motivo per cui i mancini vengono spesso costretti a imparare a scrivere con la mano destra da bambini - le persone mancine tendono ad essere in media più creative. Le persone alle quali è stato già fatto il lavaggio il cervello inconsciamente cercheranno di fare il lavaggio del cervello ai bambini senza rendersene conto. Oltre a questo meccanismo, i media sono anche potenti strumenti complementari. Sono dei maestri nella manipolazione delle informazioni in un modo che favorisce la struttura sociale attuale e il modello proposto di "normalità" della comunità locale. Le tecniche di manipolazione tipiche dei media sono la generazione della paura e di falsi bisogni per seguire il modello prescelto. I telegiornali ed internet sono generalmente i principali generatori di paura nelle comunità, influenzando così la grande maggioranza delle persone della comunità locale a fare ciò che i governanti della struttura sociale esattamente desiderano. Un efficace meccanismo che i governanti delle strutture sociali amano attuare per fare questo è un antico stratagemma di guerra latino: "Divide et impera" (= dividi e conquista). Ogni metodo organizzato che causa tali separazioni è molto apprezzato dal capo della struttura sociale. Culti organizzati (dogmatismi, ecc..) che promuovono l'odio di altri gruppi. Sport organizzati che mettono le persone contro le altre. L'enfatizzazione delle notizie riguardanti i membri delle altre comunità che rubano ecc. (quando ci sono anche membri locali delle stesse comunità che si comportano nella stessa maniera e non ottengono lo stesso peso mediatico) è un tentativo subdolo di generare razzismo - e la ragione è semplice: se dei membri di diverse comunità interagiscono tra loro, è più facile vedere il piano di manipolazione delle strutture sociali in quanto i modelli di "normalità" sono differenti così come possono essere differenti i sistemi di manipolazione. L'idea di stato è una esasperazione del "divide et impera" su un territorio più vasto - semplicemente la manipolazione viene eseguita su un insieme molto più grande di comunità locali. Guarda la Terra: vedi qualche confine che limita i paesi? No, non ce ne sono. Quelle frontiere sono immaginarie, sono solo convenzioni per favorire alcune persone nei loro privilegi. In verità, siamo tutti cittadini del mondo. La generazione di falsi bisogni è guidata sia dal desiderio che un certo modello venga seguito ciecamente, sia dall'ottenere un profitto capitalistico dalla popolazione. Farò un esempio specifico: spot pubblicitari televisivi.

Gli spot pubblicitari televisivi usano una versione alterata di una tecnica positiva di yoga, chiamata "affermazioni". La tecnica originale di yoga funziona così: leggendo ogni giorno, in uno stato ricettivo e rilassato, delle affermazioni positive – queste affermazioni entreranno nel tuo subconscio. In tal modo, gradualmente ti portano nella direzione positiva desiderata. Sembra familiare, vero?

Gli spot pubblicitari televisivi hanno alterato questo, creando una versione negativa: vengono fatti partire nei punti di climax di un film/telefilm ecc--- quando la persona è più ricettiva. Il volume viene aumentato rispetto al volume regolare della trasmissione per aumentarne l'impatto. La ripetizione costante causerà che il messaggio entrerà nel subconscio e creerà una falsa necessità di acquistare un oggetto di cui la persona non ha veramente bisogno. Di conseguenza, ci saranno molte persone che a forza di vedere lo spot inizieranno a comprare sempre di più il prodotto pubblicizzato, portando più profitto capitalistico alla società. Molte persone cadono nella trappola della manipolazione sociale e diventano come "zombie": seguono ciecamente la massa e i media, vivono secondo il modello prestabilito, non scoprono i loro veri doni e talenti e un giorno moriranno senza avere mai veramente vissuto. Steve Jobs ha fatto un discorso meraviglioso all'Università di Standford - assolutamente da leggere e/o guardare. Citerò una parte: *"Il tuo tempo è limitato, quindi non perdere del tempo vivendo la vita di qualcun altro. Non essere intrappolato dai dogmi – che sono il risultato del pensiero di altre persone. Non lasciate che il rumore*

*delle opinioni degli altri zittisca la tua voce interiore.
E la cosa più importante, bisogna avere il coraggio di
seguire il tuo cuore e l'intuizione. In qualche modo già
sai quello che vuoi veramente diventare. Tutto il resto è
secondario." (Steve Jobs)*

Non sei responsabile per il condizionamento e la
programmazione sociale che hai ricevuto, specialmente
quando eri bambino. Tuttavia, come persona adulta, sei
responsabile del 100% per risolvere la situazione e
riprendere il potere e il controllo di sé stessi e della tua
vita. Viaggia il più possibile e interagisci con persone
di diverse culture. Pensa con la tua testa. Osserva e
medita. Senti nel tuo cuore quello che vuoi veramente.
Scopri le tue caratteristiche e talenti unici, esplorandoli.
Lascia che la tua luce positiva diventi così brillante ed
unica, così che altri individui unici sapranno
esattamente dove trovarti.

<u>I GRANDI 5 - "O.C.E.A.N"</u>

Secondo vari studi psicologici, possiamo notare la presenza di 5 tratti principali - noti anche come "I grandi 5" (o con l'acronimo O.C.E.A.N.) - che contribuiscono alla formazione della personalità in un individuo.

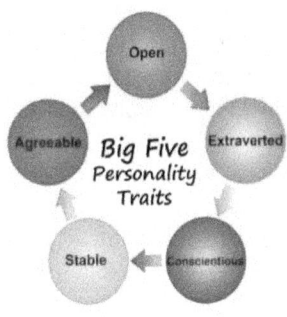

Analizziamo più in profondità ogni tratto.

Apertura all'esperienza
Questo tratto si riferisce al grado di curiosità intellettuale, creatività e varietà che una persona ha. È anche legato all'entità dell'indipendenza di una persona. Le persone con elevata apertura/avventurose tendono ad essere più imprevedibili, a perseguire l'auto-realizzazione con esperienze intense ed apprezzano solitamente arte, avventura, emozioni, idee creative e varie esperienze. Quelle con bassa apertura tendono a favorire la routine, la perseveranza e sono guidati dai

dati - nei casi più estremi una persona dalla bassa apertura è dogmatica e chiusa.

Coscienziosità
Una personalità organizzata / efficace tende ad essere incentrata sull'auto-disciplina, agisce in modo dignitoso, mira al raggiungimento degli obiettivi e preferisce la pianificazione e preparazione rispetto al comportamento spontaneo - al suo apice, fino al punto di essere ostinata ed ossessiva. Una personalità più spensierata è associata alla flessibilità e alla spontaneità, tuttavia al suo apice può sembrare sciatta e priva di affidabilità.

Estroversione
Una personalità estroversa tende ad essere energizzata da stimoli esterni (compagnia di altre persone, comportamento di ricerca dell'attenzione, conversazione ecc...). Una persona più introversa e riservata tende ad essere energizzata dagli stimoli interni e preferisce passare del tempo da sola. Tale tipo di personalità potrebbe essere percepita come indifferente ed egocentrica.

Gradevolezza
Una personalità più amichevole è più compassionevole e cooperativa, ma al suo apice può essere ingenua o sottomessa. Una personalità più determinata è più sospettosa ed antagonistica verso gli altri - spesso tende ad essere molto competitiva e può essere percepita come argomentativa o non attendibile.

Neurosi

La personalità nervosa è emotivamente reattiva, più soggetta alle emozioni negative e per periodi prolungati di tempo, tendendo ad essere emotivamente instabile, pessimista e spesso in cattivo stato d'animo. La personalità sicura è emozionalmente stabile, meno sconvolta e meno reattiva - tendendo ad essere calma, ottimista e priva di sentimenti negativi.

Le persone che non mostrano particolari tendenze verso aree specifiche dei "grande 5" sono considerate adattabili e con personalità moderate – ed in alcune occasioni percepite come incostanti, misteriose e calcolatrici.

I bambini tendono ad avere una personalità più instabile. Nell'infanzia, la predominanza dell'energia femminile di una donna nel suo sistema energetico tende a programmarla a ricercare l'attenzione e a fare riferimento a una figura maschile principale. Quando sono bambine questa figura è il loro padre, quando diventano adulte la figura maschile principale diventerà il loro partner romantico. Ecco perché le donne sono più attratte dagli uomini che hanno un atteggiamento del tipo "prendere o lasciare" ed indifferente (in altre parole "che siano felici, indipendentemente dal fatto che la donna sia con lui o che lei non lo sia e scelga un altro") e che permettono alle donne di fare la maggior parte del lavoro di connessione e di "caccia" nella frequentazione. Pertanto gli uomini intelligenti permettono alle donne di venire ed andare come si sentono più a loro agio. La "caccia" (maggior parte del lavoro di contatto e connessione) nelle frequentazioni è un tratto femminile – pertanto la maggior percentuale di contatto e di colloquio nella frequentazione spetta alla donna, con l'uomo che deve fare (se necessario) uno sforzo minimo all'inizio della frequentazione fino a che l'attrazione della donna non sia cresciuta a sufficienza affinché inizi a "cacciare" l'uomo od altrimenti l'attrazione da parte della donna calerà.

Ritornando ai Grandi 5, è importante notare che esiste una gamma tra i due punti di ogni tratto caratteriale e mentre la personalità diventa più stabile al raggiungimento dell'età adulta, una personalità di un individuo può comunque cambiare nel tempo - grazie alle esperienze e alle lezioni della vita. Ogni persona può avere per natura un diverso grado di affinità in ognuno dei cinque tratti, ma non sono dei tratti immutabili. Quindi, per esempio, una persona con una affinità naturale tendente a una personalità nervosa nel campo della neurosi può imparare a diventare sicura, anche se chiaramente sarà necessario più lavoro rispetto a una persona con una naturale affinità verso una personalità sicura nello stesso tratto.

COMUNICAZIONE

La comunicazione è composta da 3 parti:

-Parole

-Tono di voce

-Linguaggio del corpo

Le parole funzionano come un collegamento ad una immagine od un concetto visivo. Quando si parla i concetti e l'immagine visiva vengono verbalmente nella lingua scelta. Allo stesso tempo, leggendo o ascoltando una parola, verrà in mente un'idea concettuale o un'immagine visiva - diciamo per esempio "elefante rosa": quando fai questo, ti verrà in mente un elefante rosa. Tuttavia le parole sono solo una parte della comunicazione. E per essere più precisi, sono solo la punta dell'iceberg. Il 93% della comunicazione è in realtà non-verbale (tono di voce e linguaggio del corpo). Affinché un messaggio sia pienamente congruente, tutte le 3 parti devono essere coerenti tra di loro.

Note sul linguaggio del corpo

-Un sorriso genuino si estende sull'intera faccia, inclusi gli occhi. Un sorriso falso di solito riguarda solo le labbra.

-Un linguaggio del corpo aperto (gambe aperte, braccia aperte, non mettere oggetti come barriere, palme aperte...) tende ad indicare una mentalità aperta nei confronti dell'altro e a farlo sentire il benvenuto.

Rispecchiare il linguaggio del corpo di un'altra persona è un segno di accordo reciproco.

-Un linguaggio del corpo chiuso (gambe chiuse,

braccia conserte, mettere oggetti tra noi stessi e l'altra persona, chiudere gli occhi quando parliamo con qualcuno, ecc.) tendono a indicare un segnale di difesa, disaccordo e chiusura mentale verso l'altra persona.

-La posizione dei piedi indica il punto dell'attenzione e se sono insistentemente puntati verso un'uscita/direzione opposta potrebbero segnalare il desiderio di quella persona di andarsene.

- La posizione degli occhi indica il canale del sistema nervoso utilizzato quando una persona parla. Tipicamente: *guardare verso il basso è correlato all'emozione, verso l'alto alla sfera visuale, verso sinistra alla creazione di immagini e verso destra al canale della memoria.* Quindi se una persona guarda verso l'altro e a sinistra è un segnale di costruzione visuale di un'idea, mentre guardare verso l'alto ed a destra di una memoria visuale. In rari casi una persona usa una differente correlazione diversa nei canali, ma facendo delle domande specifiche che causano una certa reazione, avrai la conferma dei canali usati da quella persona.

-Le donne tendono a inviare segnali non verbali quando provano attrazione e sono disponibili a flirtare con una combinazione di diversi segnali, tra cui: *linguaggio del corpo aperto, giocare con i capelli, abbassare lo sguardo quando la guardi (uso del canale emotivo), occhi che si allargano, pupille che si dilatano, arrossire, le punte dei piedi che convergono l'une verso le altre, usare le spalle come schienale, giocosità, pause improvvise durante la conversazione, mostrare il collo, mostrare i polsi, mostrare la fronte, testa inclinata, guardare lateralmente con le spalle*

alzate, sorridere in maniera genuina, ridacchiare molto, cambiare la voce per rispecchiare il più possibile quella del bersaglio di interesse, toccare, giocare nervosamente con una collana/bracciale / etc ... Quando diversi segnali come questi sono presenti in un'interazione, si può assumere con sicurezza che la ragazza sia interessata. Quando una donna è pronta per il bacio, lo comunicherà in modo non verbale:
1) guardando le labbra del bersaglio di interesse, quando il bersaglio è molto vicino a lei e lentamente la guarda negli occhi, quindi verso le labbra e di nuovo nei suoi occhi nel giro di qualche secondo oppure 2) "triangolerà" guardando le labbra del bersaglio di interesse, il che provoca una reazione emotiva (guarderà verso il basso) e di riflesso cercherà di cambiare direzione per evitare di essere scorta – per poi riprendere la triangolazione.
-Una posizione dominante è caratterizzata da un linguaggio del corpo aperto, posizione larga dei piedi, schiena allungata, petto in fuori e guardare l'altra persona negli occhi.

L'importanza della distanza nella comunicazione
Nella comunicazione de visu, è interessante notare quanta distanza ci sia tra i due interlocutori – questo può dire molto su quanto siano vicine emotivamente le due persone. Ogni persona ha diverse aree di comfort nella comunicazione. Ogni area è come una bolla che avvolge la persona. 1) La "zona intima" corrisponde ad una bolla che copre una distanza fino a circa 45 centimetri. In questa zona di solito solo le persone molto care e gli amanti sono ammessi senza che la

persona inizi a sentirsi a disagio. 2) Da 45-120 cm è lo "spazio personale", riservato a persona che conosci abbastanza bene, ma con cui non sei in intimità. 3) Dai 120 cm a 360 cm è classificabile come "spazio sociale", riservato a persone con cui si sta interagendo socialmente ma con cui non hai una particolare connessione personale: è tipica nei rapporti di lavoro ecc... 4) Dai 360+ cm è "spazio pubblico", ed è riservato per gli eventi pubblici e gli sconosciuti.

Queste bolle sono un riflesso dell'aura (campo energetico generato dal flusso dell'energia vitale) di un individuo. Quando si interagisce con qualcun altro, è importante osservare la reazione e il linguaggio del corpo dell'altra persona al fine di valutare la distanza corretta in cui la persona si sente a suo agio mentre parli con lei. Persone provenienti da aree diverse possono avere diverse zone di comfort, a seconda dell'ambiente e della cultura da cui provengono (esempio: in Giappone c'è una maggiore tendenza a spazi ristretti considerando territorio e densità della popolazione, mentre in campagna gli spazi sono più allargati).

Le 3 regole per una grande conversazione

Allo scopo di avere un'eccellente conversazione, è utile ricordare tre regole:

1) Il tema principale delle conversazioni delle persone è parlare soprattutto di sè stessi (e tutto ciò che li riguarda come hobby, il lavoro, ecc …).

2) Individuare dei punti in comune con l'altra persona e se non è possibile trovarne uno, chiedere all'altra persona di parlare di qualcosa

per loro importante (come eseguono il proprio lavoro, ecc) e costruire un rapporto basandosi sulle informazioni che si ricevono.

3) La conversazione funziona come una torta a strati multipli: per aggiungere un nuovo strato, prima bisogna aggiungere valore alla conversazione e solo a quel punto si può chiedere una nuova domanda - altrimenti la conversazione si potrebbe considerare un interrogatorio. E' anche importante pensare a tutto ciò che si sta per dire e chiedersi se è vero, buono e necessario. Se lo è quindi dirlo e se non lo è invece evitare di menzionarlo.

L'arte del Networking

L'abilità di networking è molto potente sia a livello personale che professionale. Il networking può aiutarvi ad avere comunicazioni e relazioni soddisfacenti e può servire molto per ottenere una informazione od un aiuto che può essere risolutiva/o in una situazione complicata, oltre che permetterti di imparare nuove competenze utili (ogni persona che incontri sarà il tuo superiore in un certo campo, e si può imparare molto da quella persona). Un punto importante da notare è che il networking deve essere condotto con cuore sincero, in quanto non è una tecnica di manipolazione. Un ottimo libro da leggere in questo senso è "How to win friends and influence people" di Dale Carnegie.
Qui citerò in estrema sintesi le principali tecniche:

"IN SINTESI – COME TRATTARE LA GENTE

Principio 1- Non criticare, condannare o lamentarsi.
Principio 2- Apprezzare in modo onesto e sincero.
Principio 3 - Suscitare nell'altra persona una forte volontà nel fare qualcosa.

IN SINTESI – COME FAR SÍ DI PIACERE AGLI ALTRI

Principio 1- Diventare genuinamente interessati alle altre persone.
Principio 2-Sorridere
Principio 3 Ricordare che il nome di una persona è per quella persona il suono più dolce e più importante in qualsiasi lingua.
Principio 4-Essere un buon ascoltatore. Incoraggiare gli altri a parlare di se stessi.
Principio 5- Parlare nei termini di interesse dell'altra persona.
Principio 6- Fare sentire l'altra persona importante e farlo con sincerità.

IN SINTESI – INFLUIRE SULLE ALTRE PERSONE COL TUO MODO DI PENSARE

Principio 1- L'unico modo per ottenere il meglio da un argomento è quello di evitarlo.
Principio 2- Mostrare rispetto delle opinioni dell'altra persona. Mai dire: "Ti sbagli."
Principio 3- Se ti sei sbagliato, ammetterlo velocemente e con enfasi.

Principio 4- Iniziare in modo amichevole.

Principio 5- Far in modo che l'altra persona dica "sì, sì" immediatamente.

Principio 6- Lasciare che l'altra persona parli molto.

Principio 7- Lasciare che l'altra persona senta che l'idea sia propria.

Principio 8- Provare onestamente a vedere le cose dal punto di vista dell'altra persona.

Principio 9- Essere solidali con le idee e desideri dell'altra persona.

Principio 10- Far appellare ai motivi più nobili.

Principio 11- Enfatizzare il più possibile le vostre idee.

Principio 12- Proponi una sfida.

IN SINTESI - ESSERE UN LEADER

Il compito di un leader spesso include cambiare gli atteggiamenti ed i comportamenti del vostro gruppo. Alcuni suggerimenti per ottenere questo risultato:

Principio 1- Iniziare con lode ed apprezzamento onesto.

Principio 2- Richiamare l'attenzione sugli errori delle persone indirettamente.

Principio 3 - Parlare dei tuoi propri errori prima di criticare l'altra persona.

Principio 4- Fare domande invece di dare ordini diretti.

Principio 5-Lasciare che l'altra persona salvi la propria faccia.

Principio 6- Lodate ogni minimo miglioramento. Sii "sincero nella tua approvazione" e "sontuoso nella tua lode."

Principio 7- Dare all'altra persona una buona

reputazione in modo che faccia il possibile per migliorarsi ed esserne all'altezza.

Principio 8- Incoraggiare l'altra persona e far apparire la situazione facile da correggere.

Principio 9- Rendere l'altra persona contenta di fare la cosa che suggerisci.

IN SINTESI - SETTE REGOLE PER RENDERE PIU' FELICE LA VITA DOMESTICA

Regola 1: Non lamentarsi.
Regola 2: Vivi e lascia vivere.
Regola 3: Non criticare.
Regola 4: Apprezzare in modo genuino.
Regola 5: Prestare piccole attenzioni.
Regola 6: Essere cortesi.
Regola 7: Leggere un buon libro sul lato sessuale del matrimonio".

Per informazioni dettagliate di ogni principio, vi consiglio di leggere il libro di Dale Carnegie.

Come imparare più velocemente una nuova lingua

Ho avuto la fortuna di nascere da genitori di nazionalità diverse ed avere così due lingue madri - spagnolo ed italiano. Così ho imparato fin da bambino come passare da una all'altra a volontà e questo mi rende più facile imparare nuove lingue – cosa che amo fare, visto che è molto divertente e apre molto la mente.

Possiamo notare 6 gradi nella conoscenza di una lingua: A1, A2, B1, B2, C1, C2.

A1 è il livello più basso e C2 è il più alto.

Quindi i livelli A possono essere classificati come livelli da principiante, B come intermedio e C come avanzati. Per imparare più velocemente una nuova lingua, ti suggerisco di utilizzare il metodo Assimil.

È molto efficace: comincia a leggere i dialoghi nella lingua desiderata confrontandoli con la tua lingua madre (ai piedi della pagina ci sono note grammaticali, osservazione e fonetica) e ogni 7 lezioni c'è una di riepilogo. A metà del libro, si inizia a tradurre i dialoghi dalla lingua madre alla lingua desiderata (assimilazione attiva). Al completamento del libro, il tuo livello sarà tipicamente intorno al livello B2 con i libri standard di Assimil. A quel punto bisogna continuare a praticare quotidianamente e dedicare il maggior tempo possibile. È consigliabile acquistare un libro di sintassi dettagliato con esercizi, da tenere come base di riferimento. Leggere e/o guardare film nella lingua desiderata, parlare con madrelingua (un'ottima applicazione per trovare contatti per aiutarsi a vicenda gratuitamente è GoSpeaky) ecc. Ad un certo punto raggiungerai la padronanza della lingua – il livello C1. Per quanto riguarda il C2 - questo è un livello in cui crei uno stile unico al di sopra di una lingua padroneggiata - per raggiungere questo livello, devi tradurre del materiale di livello avanzato (testi giornalistici, testi specialistici, ecc...) nella lingua desiderata e controllare la traduzione per imparare nuovi costrutti di parole, leggere, ascoltare quanto più possibile la lingua desiderata (puoi ascoltare la musica e cantarla per esempio), e naturalmente continuare a praticare con dei madrelingua - ed alla fine raggiungerai l'obiettivo creando un tuo stile personale.

Un buon modo per ricordare facilmente le parole è usando delle associazioni mnemoniche divertenti.

Mio padre mi ha insegnato il " memo" quando ero un bambino. Per esempio diciamo che si vuole imparare a dire in spagnolo – "mariposa". In italiano la parola può essere divisa in "mare" e "posa(re)". Così un italiano può usare facilmente questa immagine divertente: una farfalla gigante (con colori della bandiera spagnola) che si posa ("posare" → posa) sul mare. ("Mari" → mare = mare). Puoi leggere tecniche più dettagliate per migliorare la memoria nel libro "Come sviluppare una memoria superiore" di Harry Loraine.

Rendi la tua vita una zona senza drammi

Con un'accresciuta capacità di networking è anche possibile che capiti più spesso di imbattersi in persone negative. Quindi è giunto il momento di parlare del dramma e di come impedirlo e/o rimuoverlo dalla tua vita. Il dramma non compare magicamente nella tua vita. O lo crei con le tue mani, o lo inviti nella tua vita, o frequenti delle persone che lo portano nella tua vita. Pertanto, consentire il dramma o rimuoverlo dalla propria vita è una decisione personale. Non permettere agli odiatori di influenzarti. I tuoi odiatori non odiano te – in realtà si sentono molto male interiormente e/o sono gelosi di qualcosa o di un tratto in tuo possesso e pertanto percepiscono che tu sei superiore a loro, per cui l'unica cosa che sentono di poter fare è cercare di farti abbassare al loro livello. Non prestare loro attenzione, non concedere loro neppure un prezioso minuto della tua giornata. I giudizi sono una espressione del carattere e le opinioni non definiscono la tua realtà. Quello che conta veramente è quello che pensi di te stesso e devi concentrarti sul tuo scopo e sui tuoi obiettivi, agendo positivamente. La scelta migliore che puoi fare per te e per la tua vita è pertanto valutare le persone, osservando le loro azioni. e scegliere con saggezza il tuo circolo sociale.

Prima di tutto ama te stesso. Amare te stesso significa che non permetterai nella tua vita i comportamenti negativi di altre persone, il dramma e le persone che cercano di sminuirti. Dovresti perciò rimuovere tutte le persone "tossiche" dalla tua vita e permettere nel tuo circolo sociale solo i tuoi amici e agli amanti che ti apprezzano, sostengono la tua crescita individuale e che sono persone positive.

Dovresti sempre seguire queste 3 regole:

1) Rispettare sé stessi.
2) Rispettare gli altri
3) Responsabilità per le proprie azioni.

La pace interiore inizia nel momento in cui si sceglie di non permettere ad altre persone o ad eventi di controllare le tue emozioni.

Emozione e logica nella comunicazione

E' necessario fare alcune considerazioni nelle interazioni tra uomini e donne, in quanto la base del ragionamento degli uomini e delle donne sono di solito diverse (quella dell'uomo è basata sulla logica e quella della donna sulle emozioni). Quando un uomo parla le parole che lui dice tendono ad essere una rappresentazione più logica e lo scopo è preciso; quindi quando un uomo dice qualcosa normalmente intende dire ciò che ha detto e si rivolge ad uno scopo pratico specifico. Inoltre di solito gli uomini non amano parlare dei problemi, ma piuttosto ritirarsi privatamente e pensare da soli a trovare delle soluzioni.

D'altra parte tutto ciò che una donna dice e fa è il risultato delle sue emozioni nel momento presente, con un focus principale alla connessione con l'interlocutore e questa emotività talvolta porta una donna a fare generalizzazioni con astio ecc... Inoltre le donne solitamente risolvono i loro problemi parlando e condividendo le loro emozioni e i loro sentimenti.

Pertanto, per una comunicazione senza sforzo tra due membri di sesso opposto, è necessario uno sforzo reciproco:

- l'uomo deve concentrarsi sulla lettura dello stato emotivo della donna e del suo linguaggio del corpo, ascoltandola correttamente (ripetendo parte di ciò che dice, analizzando come si sente e chiederle di condividere tutto) e mettendo una grande enfasi sulle sue emozioni e sentimenti.

- Una donna dovrebbe concentrarsi nell'esprimere le sue esigenze emotive e basarle verso direzioni ed istruzioni più logiche.

Un modo corretto affinché un uomo apra emozionalmente la propria donna è il seguente.

L'uomo inizia a chiederle come è stata la sua giornata e quindi la lascia parlare, incoraggiandola a raccontare ogni dettaglio. Mentre parla egli dovrebbe ripetere alcune delle parti che lei ha detto (per far sapere che la sta ascoltando) e valutare ciò che le sta accadendo e come la fa sentire. Dopo un po', quando ha elaborato tutto, la donna dirà che si sente molto meglio e/o che è felice di aver parlato con l'uomo; facendo così si sentirà sollevata e si aprirà sempre di più all'uomo. Quando una donna è ferita e/o arrabbiata, può ricordare e fare riferimento all'improvviso a una simile situazione passata in cui aveva percepito la stessa emozione e/o inizierà a fare generalizzazioni con astio. Per esempio quando una donna dice "non mi ascolti mai") non intende letteralmente dire che "l'uomo non la ascolta mai" come molti uomini assumono tipicamente, ma semplicemente che in quel momento la donna percepisce che l'uomo non la sta ascoltando e quindi ha una reazione emotiva di generalizzazione. Inoltre un modo tipico con cui le donne testano gli uomini per vedere se tengono veramente a loro è di dire "sto bene" quando guardandola è abbastanza chiaro che si sente male. Quando ciò succede, l'uomo deve concentrarsi sull'apertura emotiva della donna, evidenziando il fatto che non si sente bene e che voglia sapere di cosa si preoccupa - con umorismo, tocco e presenza mascolina. Alla fine la donna calerà le difese e si aprirà, e seguendo lo stesso modello sopra menzionato - con una giusta scusa sulle linee di *"così facendo questo, ti ho fatto sentire in questo modo e facendo in quest'altro modo, ti ho fatto sentire così . Avrei dovuto (...quello che sia..), in modo da farti sentire apprezzata. Mi dispiace che ti ho ferita. Scusami"*. A quel punto la donna si sentirà sollevata e dirà di essere contenta di aver parlato e/o ringrazierà l'uomo e quindi la donna si riaprirà completamente a lui. Nelle frequentazioni e relazioni romantiche le donne amano bluffare e testare gli uomini, inconsciamente e/o consapevolmente, per verificare se l'uomo è centrato nella sua energia maschile e nel suo scopo nella vita. Maggiore è l'attrazione più facile sarà passare i test per l'uomo. Mentre minore è l'attrazione, più muri la donna metterà tra sé stessa e l'uomo e più difficili saranno i test. Una donna sa che quando un uomo veramente tiene a lei, lo mostrerà con le azioni e non solo con le parole. Tutto ciò che una donna fa è per essere apprezzata, quindi un uomo deve sempre essere grato ed apprezzare lo sforzo della propria donna nella comunicazione e nelle proprie azioni (come prendersi cura del suo aspetto ecc …). In questo modo un uomo ha aperto in maniera speciale la propria donna verso di sé .

LA CALMA E L'ARTE DI NEGOZIAZIONE

La calma è la forza più potente, che dona a una persona il potere di essere praticamente inarrestabile. Rimanendo calmo/a in qualsiasi situazione, puoi valutare imparzialmente una circostanza, valutare le migliori soluzioni possibili ed intraprendere le azioni positive appropriate - e questo è valido in ogni settore della vita, inclusi nel business quanto nelle relazioni personali. Un ottimo modo per calmarsi è quello di fare dei profondi e lunghi respiri come ho spiegato nel capitolo "yin e yang" quando ho parlato del rapporto tra mente e corpo. Ogni situazione nella vita è una forma di negoziazione e/o un test che promuove la crescita individuale. Bisogna sempre essere preparati. Un grande esercizio preparatorio è la tecnica yoga "sankalpa": visualizzare sè stessi che sia raggiunto il proprio scopo - come se fosse davanti ai tuoi occhi - questo predispone al meglio all'azione sia la propria mente che il proprio corpo, ed a quel punto intraprendere i passi positivi necessari. Rimanendo calmo/a puoi valutare imparzialmente le circostanze e le altre opinioni delle altre parti sul possibile negoziato così da fare le necessarie considerazioni. L'assertività è inoltre un elemento importante nella vita: essere diretti nell'esprimere chi sei, cosa provi e cosa vuoi da un negoziato. Il telefono dovrebbe essere normalmente utilizzato solo come un mezzo per mettersi d'accordo dove e quando incontrarsi, non per fornire informazioni. Mentre siete coinvolti in una negoziazione, può verificarsi uno dei seguenti scenari:
A) convinci l'altra persona per ottenere ciò che vuoi tu;

B) l'altra persona/parte non è disposta a darti quanto richiesto e cerca di convincerti ad accettare la loro offerta.

Se le opinioni delle due parti sono identiche o simili, un accordo sarà raggiunto rapidamente. A volte la negoziazione può durare più a lungo del previsto, con l'altra parte insicura riguardo all'affare - in questo caso dovresti ritirare l'offerta e considerare se è opportuno formulare una controfferta – in caso positivo, è fortemente consigliabile provare al massimo un altro tentativo. E' importante ricordare questo: *"La posizione più forte nella negoziazione è in grado di uscire dalla trattativa e non tornare indietro."* (Michael Yon).

Se l'altra parte non è disposta a darti ciò che vuoi e non vuoi accontentarti della controfferta, allora devi uscire dalla negoziazione e non tornare indietro. Se hai troppa voglia di concludere un accordo, l'altra parte sentirà questa tua esigenza di voler raggiungere un accordo a tutti i costi e perderai tutta la tua di influenza nella negoziazione. Uscendo dalla negoziazione, dichiarando il tuo scopo ed avvisandoli di ricontattarti se riconsiderano l'offerta, si sta comunicando a loro che noi valutiamo noi stessi e quello che possiamo offrire. A quel punto, o raggiungerai un accordo con quell'altra parte in futuro alle tue condizioni, oppure concluderai un accordo migliore altrove.

FREQUENTAZIONI E RELAZIONI ROMANTICHE

La scena delle frequentazioni e relazioni romantiche è cambiata drasticamente nel periodo recente, soprattutto con l'introduzione della tecnologia. Tuttavia la psicologia della polarità sessuale tra energia maschile e femminile nella frequentazione romantica è sempre la stessa. Farò un'analisi su come il flusso dell'attrazione funziona in una situazione standard - considerando il caso in cui un uomo è più centrato nella sua energia maschile e di una donna che è più centrata nella sua energia femminile, il che copre almeno il 90% + delle solite coppie.

Prima di procedere, vanno notate due cose:
1) in rare circostanze, una donna potrebbe preferire di essere più centrata nella sua energia maschile e un uomo più centrato nella sua energia femminile e in questo caso possono formare una polarità sessuale tra di loro e la frequentazione andrà benissimo. Una donna che ama essere più centrata nella sua energia maschile cercherà di frequentare un uomo che preferisce essere più centrato nella sua energia femminile e viceversa – in caso contrario la polarità sessuale non si formerebbe correttamente e ci sarebbero molti conflitti - sia per la dominanza (se entrambi sono più centrati sull'energia maschile) o per mancanza di stabilità emotiva (se entrambi sono più centrati sull'energia femminile).
2) Per quanto riguarda la frequentazione e la relazione romantica tra due membri dello stesso sesso, questo flusso sarà praticamente lo stesso, tranne che devi cambiare "uomo" con il partner più centrato

*sull'energia maschile e "donna" con il partner più
centrato sull'energia femminile.*
Dopo aver chiarito questo, possiamo procedere con la
mia analisi.

Nel momento in cui un uomo e una donna si incontrano
per la prima volta, o scatta una scintilla di attrazione
romantica che può essere aumentata ed esplorata, o non
scatta ed in quel caso si dovrebbe guardare avanti ed
incontrare qualcun altro. È solo un gioco di numeri, in
cui ad alcune persone piacerai ed ad altre no.
Supponiamo che in questo caso scatti la scintilla di
attrazione. A questo punto i due potrebbero mettersi
subito d'accordo per un primo appuntamento e/o si
scambiano le rispettive informazioni di contatto.
Telefono, posta elettronica, social network ecc ...
servono allo scopo di pianificare appuntamenti definiti,
non per chiacchierare e dare informazioni –
specialmente nei primi mesi di frequentazione.
Mentre nei rapporti a lunga distanza è consigliabile
utilizzare telefono e/o applicazioni video come Skype
per mantenersi periodicamente in contatto, bisogna
sempre ricordarsi che lo scopo principale di uso di
queste tecnologie è quello di concordare i dettagli per
vedersi di persona.
Ora, due cose possono accadere.
O la donna ha già un alto livello di attrazione fin
dall'inizio, ed inizierà a "cacciare" le attenzioni
dell'uomo – per esempio invitandolo ad uscire ecc...
Oppure l'attrazione della donna non è ancora
abbastanza alta affinché lei possa "cacciare" le
attenzioni dell'uomo ed in questo caso l'uomo dovrebbe

fare uno sforzo minimo (contattando per primo la donna una volta per settimana per pianificare degli appuntamenti in un luogo ed ora specifici), fino a quando l'attrazione della donna diventa alta e lei comincerà a "cacciare" le attenzioni dell'uomo, entrando sempre più spesso in contatto (in sintonia con l'aumento della propria attrazione) e l'uomo dovrebbe usare queste occasioni di contatto per pianificare un nuovo appuntamento. La mentalità degli uomini intelligenti nelle frequentazioni e relazioni romantiche è un atteggiamento del tipo "prendere o lasciare" e di indifferenza (con indifferenza intendo "essere felice indipendentemente dall'essere con lei o meno"), non fissandosi sull'esito del sesso e permettere alle donne di andare e venire come si sentono a proprio agio e al loro proprio ritmo naturale. Un uomo ignorante invece cercherà l'approvazione della donna e di forzare il flusso dell'attrazione e le situazioni, il che provocherà una sensazione di disagio nella donna, poiché avvertirà il rischio di perdere la propria libertà ed inoltre "cacciare" l'attenzione del partner è un tratto femminile, per cui questo riduce gradualmente l'attrazione della donna (causando che la donna si allontani e testi sempre di più l'uomo) fino al punto di allontanarla definitivamente dalla propria vita.

È importante ricordare che nelle frequentazioni con una componente sessuale è necessaria una polarità sessuale sana (uno dei partner deve essere più centrato sull'energia maschile e l'altro deve essere più energia femminile) od altrimenti l'attrazione diminuirà lentamente. Durante gli appuntamenti l'uomo dovrebbe concentrarsi sul flusso degli stessi: occuparsi dei dettagli logistici, concentrandosi su di lei, divertirsi e scalare fisicamente (quando la donna si sente pronta) conducendola gentilmente alla camera da letto - mentre la donna dovrebbe concentrarsi solo sul presentarsi all'appuntamento, vestirsi in maniera sexy, rilassandosi a pieno nel suo lato femminile, seguendo il comando dell'uomo ed occuparsi della maggior parte della conversazione e della connessione durante gli appuntamenti. Gli appuntamenti hanno la funzione di essere un'occasione per passare piacevolmente il tempo e godere della compagnia reciproca, non per essere il terapeuta della donna. Ogni argomento di conversazione dovrebbe sempre essere divertente e positivo, poiché le donne associano le emozioni che avvertono in un appuntamento alla presenza di quell'uomo; inoltre la donna dovrebbe parlare la maggior parte del tempo durante l'appuntamento con l'uomo che la ascolta correttamente. A volte potrebbe essere necessario parlare di un argomento negativo durante gli appuntamenti - in questi casi è meglio concentrarsi solo sul lato positivo della situazione e su cosa si è guadagnato dall'esperienza, per poi passare rapidamente ad un argomento più divertente.

Se necessario è possibile parlarne più dettagliatamente quando la frequentazione si trasforma in una relazione più stabile e seria. La donna invia dei chiari segnali quando è pronta sia per lo scalare fisicamente e per salire di livello nella frequentazione - per cui l'uomo dovrebbe prestare la massima attenzione alla donna e al suo linguaggio del corpo. Buone regole riguardanti per lo scalare fisico sono:

1) toccare una donna è opportuno quando la donna

invia un segnale di invito (con segnali non verbali di attrazione come toccare inconsapevolmente l'uomo, oppure consapevolmente) ed il tocco deve essere mantenuto finché la donna non si ritirerà dal toccarlo, aspettando il successivo invito a toccare nuovamente dalla donna, è un modo che le donne utilizzano per testare subdolamente se un uomo "caccia" le sue attenzioni più di quanto lei stessa caccia le sue - e come detto in precedenza, la caccia di attenzioni e connessione è un tratto femminile; così se l'uomo esagera col "cacciare" le attenzioni della donna questo causa di essere rifiutato sul lungo termine.

2) Quando è pronta per essere baciata, invierà segnali non verbali (controlla i suggerimenti dei linguaggi del corpo in cui ho parlato di indizi di attrazione non verbale della donna). A volte la donna potrebbe anche baciare di prima intenzione nel caso di alta attrazione e personalità diretta, ma di solito una donna raramente farà la prima mossa.

3) Baciare porta gradualmente la situazione al punto di pomiciare, il che porta a sua volta l'uomo a suggerire alla donna di andare da qualche altra parte più privata (come da lui o da lei) a bere qualcosa insieme. In quella locazione privata, con una mentalità "due passi avanti ed uno all'indietro", l'uomo in maniera graduale scala fisicamente mentre lei è ricettiva, parlando per costruire rapporto quando la donna temporeggia, in modo che quando la donna si sente pienamente pronta.- fanno sesso.

In media la maggior parte delle donne "dorme" con un uomo al secondo o terzo appuntamento; il processo può diventare più veloce se nello stesso appuntamento si visitano 2/3 posti diversi, dando così l'impressione alla donna di più appuntamenti in una volta sola. Di solito dopo un paio di appuntamenti, l'attrazione della donna inizierà a crescere ed inizierà a contattare nel giro di meno di una settimana – ergo inizia a "cacciare" attivamente l'uomo ed a questo punto l'uomo dovrà semplicemente attendere di sentirla ed utilizzare queste opportunità per pianificare nuovi appuntamenti definiti. Durante i primi due mesi di frequentazione, una donna farà una prova specifica: scomparirà per una settimana, anche se tutto sta andando alla grande. È solo un modo per verificare se l'uomo si comporta in modo ossessivo (in tal caso la donna rischia potenzialmente di perdere la propria libertà e, nel peggiore dei casi, di ritrovarsi ad avere a che fare con uno stalker) o se l'uomo è forte e centrato nella sua energia maschile e nel proprio scopo nella vita. Il modo corretto per superare questo test è semplicemente quello di chiedere alla donna come si sente la settimana successiva senza fare drammi sul suo comportamento. Una donna testerà sempre un uomo quando si sente attratta romanticamente - bluffando e facendo test di tipo diverso, sia inconsciamente che consapevolmente, per verificare se l'uomo è centrato nella propria energia maschile. Mentre l'attrazione di una donna cresce, questi test diventeranno più semplici e facili da passare e se l'attrazione si abbassa, la donna si allontanerà di più da lui e lo testerà sempre di più con prove più difficili. Facendo tutto correttamente, in genere in almeno 2+ mesi di frequentazione la donna lo contatterà praticamente almeno una volta al giorno e tipicamente dichiarerà di essere innamorata di lui e di voler essere partner esclusivi, essendo l'uomo diventato la sua montagna emotiva. L'uomo deve essere la montagna e il leader del rapporto, in modo che la donna possa essere giocosa e rilassata pienamente nel suo lato femminile. A quel punto a seconda dei desideri di entrambi, se la frequentazione continua o diventerà una relazione esclusiva oppure verrà mantenuta come una relazione casuale aperta. Il vero amore è libertà.

Lo scopo di ogni rapporto è quello di dare, desiderando che l'altra persona sia felice ed aiutare l'altra persona a crescere in una versione migliore di se stessi.

Nei rapporti esclusivi, molti uomini fanno due errori fatali: uno è quello di smettere di apprezzare e di corteggiare correttamente la donna, e il secondo è che non sanno come comunicare correttamente con la propria donna per aprirla nuovamente al suo lato femminile – forzandola sempre di più nel suo lato maschile con il risultato che la polarità inizia a dissiparsi lentamente. È facile vedere quando ciò accade: di solito queste coppie indossano gli stessi identici vestiti, la donna smette di prendersi cura del suo aspetto (capelli, unghie, …) ed inizia ad essere la leader del rapporto al posto del proprio uomo e puoi persino notare nel suo volto il risentimento per la debolezza di lui, mentre diventano sempre più freddi e più lontani l'uno verso l'altro. A quel punto è solo una questione di tempo e presto si verificherà una rottura o al limite rimangono insieme solo per interessi comuni quali per i bambini, questioni economiche ecc.. (ma con la passione che è completamente scomparsa).

Una donna che è soddisfatta della sua relazione romantica tiene una grande cura del suo aspetto, tende a farsi crescere i capelli più lunghi, colorare le unghie ecc e si può vedere che è rilassata e giocosa nella compagnia del proprio uomo mentre segue il suo comando. È importante ricordare che il corteggiamento non finisce mai ed i punti che ho evidenziato sulla comunicazione tra uomo e donna. A volte un rapporto potrebbe finire anche facendo tutto correttamente da entrambe le parti, a causa di circostanze esterne che cambiano la vita e che portino a delle condizioni estremamente difficili per il proseguimento della relazione - se la decisione è reciproca ed entrambe le persone coinvolte sono mature e dei grandi comunicatori, si dovrebbe prendere un periodo di pausa per riordinare le idee e i sentimenti, dopodiché si potrebbe rimanere amici: è il modo più amorevole di chiudere una relazione in questo tipo di scenario.

Nel caso di una rottura che non è una decisione reciproca, la posizione più forte di negoziazione per la persona che è stata lasciata è di non accettare di rimanere solo amici, affermando all'ex partner di essere interessato solo a una frequentazione romantica e di chiamare se cambia idea in futuro, quindi andarsene e non guardare mai più indietro – a quel punto il 100% della "caccia" spetta alla persona che ha voluto la rottura, per farsi perdonare del dolore causato. Se sei la persona che ha voluto la rottura e ti sei accorto/a di aver sbagliato/a, puoi contattare la persona che hai lasciato/a una volta per scusarti e chiederle/gli un appuntamento in un luogo ed ora specifici, ed a quel punto se tutto va bene, il flusso di corteggiamento ritornerà ad essere normale – e se invece la persona che è stata lasciata non è favorevole allora semplicemente bisognerà dirle di contattarti di nuovo nel caso in cui cambi idea in futuro - quindi andarsene e non guardare indietro. Le persone crescono insieme o crescono da sole. Il matrimonio non è un presupposto necessario per un'eccellente relazione romantica e tale opzione deve essere valutata con attenzione dalla coppia, e se questa opzione viene scelta dovrebbe essere motivata dall'amore.

LA SAGGEZZA STRATEGICA DI SUN TZU

Un detto popolare è *"Nell'amore e nella guerra tutto è permesso"*. Sun Tzu era uno stratega di guerra, con una tale maestria al punto di scrivere un libro noto come *"L'arte della guerra"*. Anche se la vita è un viaggio e non una competizione, conoscere i principi fondamentali dell'arte della guerra può essere molto utile in diverse occasioni (sport, competizioni, autodifesa, ecc ...). In sintesi, questi sono i 36 stratagemmi principali dell'arte della guerra.

PER COMANDARE SUPERIORITÀ

1) Ingannare i cieli e attraversare l'oceano: maschera i tuoi veri obiettivi con uno finto finché non vengono raggiunti i tuoi veri obiettivi: i falsi allarmi costanti infastidiranno tanto il nemico che abbasserà la guardia quando farai la tua vera mossa.

2) Assediare Wei per salvare Zhao: invece di affrontare una battaglia diretta con un nemico forte, evitala e colpisci direttamente la sua debolezza (come un alleato più debole)

3) Uccidere con un coltello preso in prestito: causare danni a un nemico, ottenendo l'aiuto di una terza parte per arrecare danno oppure causando una guerra civile.

4) Sostituire il tempo libero con il lavoro: avere le proprie truppe fresche e pronte per la battaglia, mentre il tuo nemico si sta precipitando a combattere contro di te - idealmente con il conseguente risultato delle truppe nemiche che si imbatteranno nel tuo esercito riposato e da te preparato per la battaglia.

5) Saccheggiare una casa che sta bruciando: *il momento migliore per attaccare un avversario è quando hanno dei problemi personali da affrontare e la loro concentrazione è pertanto rivolta altrove. Tuttavia dovresti stare attento/a a non essere intrappolato/a a tua volta nella casa che sta bruciando.*

6) Clamore ad est, attacco ad ovest: *convincere il nemico a concentrare le sue forze altrove, quindi procedere ad attaccare una posizione che è più debole difensivamente. L'inganno e il fattore di sorpresa sono fondamentali fattori per cambiare l'esito di una guerra.*

PER IL CONFRONTO

7) Creare qualcosa dal nulla: *far credere a qualcuno che ci sia qualcosa quando non c'è nulla, o viceversa. Essendo caduto in inganno per via di un trucco una o due volte, il nemico non sarà disposto ad essere ingannato una terza volta con un altro trucco - e questo è il momento ideale per attaccare.*

8) Riparare apertamente la passerella, ma sgattaiolare attraverso il passaggio di Chencang: *ingannare l'avversario con un approccio ovvio che richiederà un lungo periodo di tempo per l'esecuzione o usare un piano per ingannarlo, mentre lo sorprendi usando una scorciatoia per sgattaiolare su di lui o per nascondere un altro piano dalla loro attenzione.*

9) Osservate il fuoco dalla riva opposta o sedetevi sulla montagna e guardate la lotta dei tigri: *il momento ideale per entrare nel campo di battaglia è* *quando tutti gli altri concorrenti si sono stancati, combattendo tra loro stessi, ed a quel punto irrompere sul campo di battaglia e raccogliere i pezzi.*

10) Nascondere un coltello dietro un sorriso: *Affascinare ed ingraziarsi il proprio nemico ed una volta che hai ottenuto la sua fiducia, muoversi contro di lui in segreto.*

11) Sacrificare l'albero di prugne per preservare l'albero di pesca: *sacrificare degli obiettivi a breve termine per raggiungere l'obiettivo a lungo termine.*

12) Sfruttate l'occasione per abbattere una capra: *pur portando i vostri piani, bisogna saper essere abbastanza flessibili per approfittare di qualsiasi possibile opportunità - non importa quanto sia piccolo o leggero il profitto che si può ottenere da essa.*

PER L'ATTACCO

13) Battere l'erba per intimidire il serpente: *fare qualcosa privo di scopo, ma renderlo estremamente spettacolare al punto da provocare una reazione dell'avversario, rivelando così i suoi piani e / o la sua posizione; o semplicemente schernirlo. Fare qualcosa di insolito, strano ed inaspettato in quanto questo susciterà il sospetto dell'avversario, abbassandone la guardia e facendogli perdere la concentrazione. Tuttavia bisogna stare attenti - un atto imprudente potrebbe rivelare la tua posizione o le tue intenzioni all'avversario.*

14) Prendere in prestito un cadavere per resuscitare l'anima: *Ridare vita a qualcosa dal passato per dare un nuovo scopo o rimodernarlo a tuo vantaggio.*

*15) **Attirare la tigre via dalla montagna:*** *attirare il tuo nemico via dal suo campo di vantaggio, in questo modo lo separerai dalla sua fonte di forza.*

*16) **Per catturare qualcosa, liberalo prima:*** *una preda in trappola spesso tenterà un attacco finale in preda alla disperazione - per impedirlo, è necessario lasciare credere al nemico di avere ancora la possibilità di libertà.*

*17) **Lanciare un mattone per attirare Jade:*** *attirare qualcuno facendogli credere di guadagnarci o farlo reagire, ed ottenere qualcosa di prezioso da lui in cambio.*

*18) **Per catturare i banditi, catturare il loro leader:*** *se un esercito avversario è forte, ma segue il suo comando solo per via dei soldi o per via di minacce - è sufficiente mirare al leader ed a quel punto il resto dell'esercito si disperderà o verrà al tuo fianco. Pero se sono leali al loro leader, bisogna prestare attenzione in quanto l'esercito può continuare a combattere dopo la sua morte per vendicarlo.*

PER LE SITUAZIONI CONFUSE

*19) **Rubare la legna da ardere sotto la pentola:*** *distruggi le argomentazioni e/o le risorse del tuo avversario, in modo da negare al nemico gli strumenti di influenza e le risorse necessarie per la battaglia.*

*20) **Perturbare le acque per catturare un pesce:*** *Crea confusione ed usa questa confusione per far abbassare la guardia all'avversario e portare avanti i tuoi piani.*

*21) **Sfilare le coperture dorate della cicada:*** *creare un'illusione che si adatti ai tuoi obiettivi con lo scopo di distrarre gli altri.*

22) Chiudere la porta per intrappolare il ladro: se hai la possibilità di catturare completamente il nemico, dovresti farlo, portando così la battaglia o la guerra ad una fine rapida e una pace duratura.

23) Ammirate uno stato lontano mentre attaccate uno vicino: quando sei il più forte nel campo di battaglia, la tua più grande minaccia è il secondo più forte del tuo campo, non il più forte di un altro campo - e quindi il secondo più forte dell'esercito nemico sarà un buon alleato, per quanto possa essere tuttavia temporaneo.

24) Ottenere un passaggio sicuro per conquistare lo stato di Guo: Prendi in prestito le risorse di un alleato per attaccare un nemico comune. Una volta sconfitto l'avversario comune, utilizzate quelle stesse risorse per ritorcerti contro l'alleato che te le ha prestate in primo luogo.

PER LA GESTIONE DEL CAMPO DI BATTAGLIA

25) Sostituire le travi con i timbri marci: distruggere le formazioni dell'avversario, interferire con i loro metodi di funzionamento, modificare le regole da seguire, andare in contrasto con la loro formazione standard.

26) Puntare all'albero di gelso, ma maledire la locusta: per disciplinare, controllare od ammonire gli altri, il cui status o la posizione li esclude da un confronto diretto, dovresti usare l'analogia e l'insinuazione, senza usare direttamente nomi: le persone accusate non possono ritorcersi contro questa ammonizione senza rivelare la propria complicità.

27) Fingi la follia, ma mantieni il tuo equilibrio: Nascondersi dietro la maschera di un folle, pazzo o un ubriaco per creare confusione sulle tue vere intenzioni e motivazioni.

28) Mettilo sul tetto, poi togli la scala: con esche ed inganni, attira il nemico in un terreno pericoloso, poi continua a tagliare le sue linee di comunicazione e vie di fuga; a quel punto per salvare sè stesso, deve combattere non solo il tuo esercito ma anche gli elementi della natura.

29) Piegare l'albero con falsi fiori: attraverso l'uso di inganno, artificio e travestimento, far apparire qualcosa di nessun valore - prezioso; di nessuna minaccia - pericoloso; di nessun uso - utile.

30) Scambiare i ruoli del leader e dell'ospite: Infiltrarsi nelle linee nemiche, fingendosi un accettabile ospite per usurpare gradualmente il comando delle linee nemiche dall'interno.

PER SITUAZIONI DISPERATE

31) La Trappola della Bellezza: invia le tue belle donne nell'accampamento nemico per causare discordie nel suo campo. Innanzitutto, il governante diventa così innamorato delle belle donne che incomincia a trascurare i suoi doveri e permette alla sua guardia di abbassarsi; in secondo luogo, gli altri maschi alla corte inizieranno a mostrare comportamenti aggressivi che causeranno delle piccole differenze che ostacolano la cooperazione e distruggono il morale nell'esercito; terzo, le altre femmine della corte, motivate dalla gelosia e dall'invidia, cominciano a tracciare intrighi, creando ulteriore caos ed aggravando la situazione.

32) Strategia della Fortezza Vuota: quando

l'avversario è superiore in numeri e la tua situazione è tale che si può fare una previsione attendibile di essere sul punto di venire travolti in qualsiasi momento, abbandonare ogni pretesa di preparazione militare ed agire con calma, in modo che il nemico penserà che hai delle truppe nascoste e che vuoi intrappolarlo nella tua fortezza.

33) Lasciate che la spia del nemico veda discordia nel campo nemico: *minare le abilità di raccolta delle* informazioni del tuo nemico usando le sue spie contro di lui od infiltrando i tuoi agenti in mezzo alle sue linee e campi.

34) Ferirsi da soli per ottenere la fiducia del nemico: *fingere di essere feriti ha due possibili scopi. In un primo momento, il nemico abbasserà la guardia perché non ti considera più una minaccia immediata. Il secondo è un modo per ingraziarsi il tuo nemico fingendo che il danno è stato causato da un nemico reciproco.*

35) Stratagemmi a catena: *in situazioni importanti, si devono usare diversi stratagemmi applicati simultaneamente uno dopo l'altro, come in una catena di stratagemmi. E' importante mantenere piani diversi che operano in uno schema generale; tuttavia, in questo modo se una strategia non riesce, allora la catena si rompe e l'intero schema fallisce.*

36) Se tutto il resto fallisce, ritirarsi: *la migliore battaglia è quella combattuta quando il tuo esercito non dovrà mai mobilitarsi, ma se diventa evidente che il tuo piano d'azione porterà alla sconfitta, è meglio ritirarsi e riorganizzarsi.*

Conoscere questi principi può essere utile in varie situazioni, pertanto dovresti valutare con calma ed imparzialità le circostanze e valutare come agire correttamente. Nel libro "L'arte della guerra" di Sun Tzu è possibile trovare un'analisi strategica più dettagliata dell'arte della guerra

If you know the enemy and know yourself, you need not fear the result of a hundred battles.

- Sun Tzu

COME AFFRONTARE LE SITUAZIONI DURE

La vita a volte può essere abbastanza dura.

Ad esempio, ti dirò qualcosa di mio nonno Domenico, che morì molti anni fa. Tra le varie difficoltà che dovette affrontare, la più importante fu la morte di suo padre quando mio nonno aveva appena 11 anni e da allora dovette lasciare la scuola ed iniziare a lavorare per mantenere la famiglia. Mentre stava prestando servizio al militare, scoppiò la seconda guerra mondiale e dovette combattere sul fronte albanese-greco per circa 5 anni. In tale occasione, subì un inizio di congelamento ad entrambi i piedi e fu mandato in ospedale a Genova per essere curato. Nonostante tutto ciò che passò, emozionalmente non si abbatté mai e visse una buona vita.

Anche io passai un periodo molto duro di circa 7 mesi, durante il quale decedettero tutti e 3 i miei nonni restanti (la mia nonna spagnola è morta invece quando ero un bambino). In quel momento così duro, lessi una storia che mi aiutò moltissimo.

"Una volta viveva un re in una terra orientale - il re era estremamente lunatico ed alternava momenti in cui era estremamente generoso con la popolazione a periodi di estremo dispotismo. Persino le cose più insignificanti erano sufficienti per sconvolgerlo emotivamente ed improvvisamente. In un momento di lucidità, il re si rese conto che il suo comportamento non era tollerabile e convocò un saggio affinché trovasse una soluzione al suo problema. Gli chiese come trovare l'equilibrio, la pace e la serenità interiore nella propria vita, offrendogli tutto ciò che volesse in

cambio. Il saggio non voleva in cambio denaro, perciò gli avrebbe fornito la soluzione come un dono a condizione che lo avesse onorato. Il re accettò ed il saggio tornò dopo qualche settimana da lui. Regalò al re una scatola, in cui c'era un anello. Il re rimase sorpreso e nell'anello notò una semplice scritta intagliata sopra: "Anche questo passerà". Il saggio gli rispose che il re avrebbe dovuto portare sempre questo anello e qualunque cosa accadesse - prima di etichettare la situazione come bene o male, toccare l'anello e leggere l'iscrizione su di esso e in questo modo l'equilibrio interiore sarebbe sempre con lui".

Nello yoga, possiamo esprimere il concetto di "titiksa" con una frase: *"Il dolore è inevitabile, ma la sofferenza è opzionale"*. La pace interiore inizia nel momento in cui non permetti ad altre persone od eventi di controllare le tue emozioni.

La vita è un flusso, la stagnazione è morte.

La gente va e viene nella tua vita.

Le situazioni e le circostanze cambiano.

L'attaccamento alle situazioni e rimuginare troppo sono le radici di tutte le sofferenze - l'unico momento vivibile è il "qui e ora". Lo yoga è una via di libertà - praticandolo, impari a meditare e facendo così a liberarti dei sentimenti negativi, della paura e della sofferenza. Parlando di meditazione, uno dei rami dello yoga è il Tantra, che spesso viene frainteso nell'Occidente. Il Tantra è molto di più delle tecniche sessuali, che sono una parte di esso. Il sesso è molto piacevole non solo per motivi biologici, ma anche perché è una forma di meditazione e il tantra approfondisce in maniera dettaglia questo aspetto.

Esamina in grande dettaglio l'uso del sesso come meditazione avanzata combinata con la libertà dell'energia maschile (riguardante la rottura delle barriere e nel dare piacere al partner) e la libertà dell'energia femminile (riguardante l'amore e la connessione). Le tecniche sessuali sono solo uno degli aspetti del Tantra, ma non sono lo scopo principale della pratica. Tornando alle situazioni dure, sono semplicemente delle possibilità per rafforzarsi e diventare più saggi. Se si osserva il tiro con l'arco, noterai che per tirare una freccia è necessario posizionare la freccia sull'arco, tirare la freccia all'indietro e quando è pronta con la massima potenza di tiro - mirare al bersaglio, lasciare andare la freccia e la freccia parte. Allo stesso modo, quando la vita ti sta "tirando indietro" con delle difficoltà, in realtà significa che stai per essere lanciato/a in qualcosa di più grande, quindi prenditi il tempo necessario per sfogarti ma poi rialzati, concentrati, rimani positivo/a e continua a mirare ai tuoi obiettivi e sogni. Come ultima nota, se non l'hai già raggiunto/a, un giorno raggiungerai un punto in cui sei veramente in pace e in contatto con te stesso, niente di quello che qualcun altro ti dice, le paure, la negatività e i drammi non potranno più influenzarti . Quel punto è chiamato nella pratica zen come "punto zen" e l'evento che attiva il raggiungimento di questo punto sarà unico per ogni persona. Dopo tutto, il cammino di vita di ogni persona è diverso.

CONSIDERAZIONI FINALI

La nostra passeggiata insieme in questo libro finisce qui. Ti suggerisco di rileggere di tanto in tanto il libro, e di utilizzare ogni possibile occasione per mettere in pratica ciò che hai imparato – così che i principi di questo libro ti diventeranno automatici. Se trovi lo yoga interessante, un ottimo libro per iniziare la tua pratica personale è *"Imparo lo yoga"* di Andrè Van Lysebeth. Se hai apprezzato questo libro, ti consiglio di suggerirlo a tutta la tua famiglia e ai tuoi cari, e anche mettere un like alla mia pagina facebook: facebook.com/theinteriorlight/
Se hai bisogno personalmente di life coaching (specialmente in yoga, frequentazioni e relazioni romantiche, abilità di negoziazione) e sei serio/a al riguardo, puoi scrivermi direttamente una email a theinteriorlight@gmail.com (dimensioni massime del messaggio sui 2-3 paragrafi) e ti risponderò con piacere quando avrò tempo libero. Detto questo, una volta completata l'assimilazione del libro, leggendo e mettendo in pratica le tecniche di questo libro, la tua grandezza sarà completamente attivata. Controllerai pienamente te stesso e la tua vita, sorriderai di più, diffonderai più energia positiva, gentilezza e amore in questo universo. Sei diventato/a la luce.

NAMASTE
Onoro il posto in te, in cui risiede
l'intero universo. Onoro il posto in te che
è pieno d'amore, verità, luce e pace.
Quando tu sei in quel posto dentro di te,
e io sono in quel posto dentro di me,
Noi siamo uno.